mein großer Dank gilt der bezaubernden Fotografin
ihre Bilder nehmen an die Hand
entführen in andere Welten

www.lotta-fotografie.de

Greta Silver
LEBENSFREUDE PUR

GEDICHTE

wie Brausepulver auf der Zunge
wie Rotwein am Kamin

voll ansteckender Lebensfreude
über unbändige Lebenslust und
saumselige Gedanken am Suppentopf

Bibliografische Information der Deutschen Nationalbibliothek: Die Deutsche Nationalbibliothek verzeichnet diese Publikation in der Deutschen Nationalbibliografie; detaillierte bibliografische Daten sind im Internet über dnb.dnb.de abrufbar.

© 2016 Greta Silver
Herstellung: BoD – Books on Demand, Norderstedt

ISBN 9783739227825

Inhaltsverzeichnis

Fantasie ist leinenlos	7
Unterhaltung	9
da ist der Himmel ganz nah	11
ich will	13
die Welt aus den Angeln heben	15
Freude wie Konfetti	17
lass uns Wahrheiten tauschen	19
Wolken schieben	21
Nähe ein Sensibelchen	23
die spielerische Leichtigkeit	25
von Schneemännern und Kathedralen	27
Apfelblüten	29
Gedanken üben Wellenreiten	31
Übermut gegen angepasstes Einerlei	33
die ganze Bandbreite	35
Stille enthält alles - auch uns	37
jenes erste zarte Hoffen	39
Muscheln erzählen vom Sommer	41
Musik	43
Maskenball	45
die Insel	47
frei sein total - wovon wofür warum	49
an mich selber glauben	51
ein Hoch auf Fehler	53
steck meinen Claim ab	55
heute ist so ein Tag	57
fliegender Teppich	59
vom Sommer	61
gemeinsam innig schweigen	63

Fantasie ist leinenlos

Glücksgefühl
weiß nicht warum – Zweifel knall ich an die Wand
Wassertropfen perlen von der Haut

Geborgenheit
wärmt wie Lagerfeuer – Funken knistern wispernd
Fantasie ist leinenlos

Jubel weckt den Tag am Morgen
Erwartungen sind grenzenlos
der Picknickkoffer ist gepackt

begleite mich
lass uns in Gedanken reden
überrasche mich mit deinen Antworten

Unterhaltung

Bälle in der Luft
Dosen kicken durch Gedanken
Brausepulver prickelt auf der Zunge, Schalk im Nacken

eng umschlungene Gedanken
träumen vor dem Suppentopf
saumselige Inspiration

weiterstrickend
Masche um Masche die Gesprächsfäden
zu neuen Welten formen - alles ist möglich

Blickkontakt
wortloses Verstehen, nicken, schmunzeln
Seele baumelt

da ist der Himmel ganz nah

freihändig Fahrrad fahren bergab
auf Skiern den Abhang brettern
galoppieren am Strand - ganz egal
wo Freiheit an den Haaren zerrt

da wo jauchzender Jubelschrei die Luft zerreißt
du unbändige Lebensfreude spürst
Herz auf offen schaltest
da ist der Himmel ganz nah

die Sinne scharf gestellt
da hat das Außen Kontakt
mit dem ganz Innen
da blinkt der kostbare Bodensatz

da bist du – irgendwie außerhalb
irgendwie neben dir - was kostet die Welt
und doch ganz du – ganz klar – hell wach – mitten drin

alles deins, immer, auch jetzt
ohne Fahrrad

ich will

nicht schon innerlich abwinken
weil ich die Antwort mein zu kennen
mich überraschen lassen – offen

hinschauen, das sehen
was wirklich ist – nicht das was ich erwarte
mich beschenken lassen – offen

das fühlen, was wirklich ist
nicht das, was mein Schutz mir erlaubt
ich will es wissen - ganz

bin stark, bin neugierig, bin frei
will mich beschenken lassen
vom Leben, von dir

die Welt aus den Angeln heben

dich anziehen
wie eine warme, eingewohnte Strickjacke
versinken

die ganze Bandbreite leben
das Klavier von ganz unten bis ganz oben spielen
Handbremse verboten

plötzlich mit deinen Augen
meine Talente und Möglichkeiten entdecken
an mich glauben

übermütiges Gelächter am Frühstückstisch
gemeinsam rausschleudern im Kettenkarussell
Leichtigkeit - das Leben perlt

du machst mich stark
machst Mut den Seiltanz zu wagen
dein Lachen ist mein Netz

gemeinsam
die Welt aus den Angeln heben
warum eigentlich nicht

Freude wie Konfetti

warum nicht Freude wie Konfetti auf Menschen werfen
schauen was passiert
verzaubere sie

gib dem Tag einen Sinn
mach ihn einfach etwas schöner
in deinem Gesicht

was kann passieren
kostet kein Geld
gute Laune ist hoch ansteckend

lass ihnen keine Wahl
überroll sie – du hast die Kraft
brauchst keinen Anlass – der Grund bist du
dein Leben

lass uns Wahrheiten tauschen

lass uns unsere Wahrheiten tauschen
ich mit dir und du mit mir
an Luftballons schweben

die Welt mit deinen Augen verstehen
mit deinem Herzen fühlen
mit deinem Staunen füllen

seltsam - ich schaute auf die gleiche Welt wie du
und nun dies neue Bild
Schätze sammelt, wer sich ergänzt
und nicht bekämpft

möchte vor deiner Wahrheit staunen
spüren wie liebevoll
du meine betrachtest

mal möchte ich mich bei mir
mal bei dir wohler fühlen
ganz ohne Wertung - als Bereicherung

mal hörst du Walzer
und ich Jazz
vom gleichen Orchester

du malst die Welt in Blau an und ich in Gelb
was für eine Vielfalt
was für ein Gewinn

ja lass uns Hand in Hand über Gräben springen
nicht auf eine Wahrheit begrenzen
keine faulen Kompromisse schließen

die Welten gehören uns

Wolken schieben

Wolken schieben
Himmel putzen – Sonne spielt nur Blinde Kuh
nicht im Keller suchen

Leben leben
Leben in Gedanken ist wie ein leeres Schneckenhaus
Leben will wie Fohlen im Frühling – raus auf die Weide

Ratzfatz
ist morgen heute – und wieder ein Tag
verloren oder gewonnen – entscheiden wir

Nase stoßen
Mund verbrennen – Matsch bewerfen
riskier's – sei ein ehrliches Du

Nähe – ein Sensibelchen

Nähe aushalten
Warndreieck bei Fluchtdistanz
ratzfatz bin ich weg

liebe Nähe bis unter die Haut
wähle Menschen selber aus
denen ich vertrau

Nähe ist wie Bratapfel am offenen Kamin
Herzensfenster weit auf wie Muschelhälften
verletzbar

auf Zehenspitzen laufen
bei ganz nahen Menschen
Verletzbarkeit braucht Samthandschuh

gefährlich diese polternde Direktheit
die sich so kumpelig verstanden wähnt
zack gehen Muschelschalen zu - verschlossen

Nähe wird gewährt
ist nicht für Geld zu kaufen
ein empfindsames Geschenk

zu Nähe gehört Distanz
der frische Wind dazwischen ist die Kostbarkeit
die es zu schützen gilt

achtungsvolle Distanz
will verstehen - sich einfühlen
macht Nähe erst möglich

die spielerische Leichtigkeit

Lenk-Drachen steigen lassen am Strand
heute ist richtiger Wind
worauf warten wir noch

ich mag die Kraft die an ihm zerrt
die mein Gegengewicht braucht
nach hinten gelehnt

wenn Drachen durch die Lüfte zischen und knallen
ich die Richtung bestimmen kann
rechts links hoch runter – fast bis an den Dünensand

ist wie im richtigen Leben
Gegengewicht sein, wenn's stürmisch wird
die spielerische Leichtigkeit nicht verlier'n

von Schneemännern und Kathedralen

ich möchte mit dir
Schneemänner bauen
Adler machen im dicken Schnee – du ziehst mich raus

möchte mit dir
beim Rodeln so lachen
dass es uns vom Schlitten fetzt

möchte für unsere Gedanken
eine Kathedrale bauen
ehrfürchtig lauschen, ganz still

wo genug Raum ist
für unser Staunen, für Wachsen und Werden
wo unsere Schritte hallen wie ins Weltall gemeißelt

möchte von weitem dir in die Arme fliegen
unsere Geschichte schreiben
sehen wie Pusteblumen verwehen

möchte mit dir Drachen steigen lassen
am Meer
schwatzhaftes Windgeflüster

möchte bei Kerzenschein
mich in deinen Augen sehen
wissend
auch du bist angekommen

Apfelblüten

vergiss es nie
Seelen spielen Hand in Hand auf Wildblumenwiesen
beschützt

selbst wenn Nebel mich umhüllt
Gedanken in die Irre laufen
du bist da

Apfelblüten
recken sich staunend im Frühlingswind
dem Himmel entgegen - wir folgen ihren Spuren

Gedanken üben Wellenreiten – Übermut ist Regisseur

bummeln am Strand - Hand in Hand
jeder für sich
Seele auf Weitwinkel gestellt

eigene Gedanken üben Wellenreiten
plötzlich springen Funken über, gibt's nur uns zwei
Übermut ist Regisseur

rumalbern, Lachen perlt am Wellensaum
ins Wasser schubsen
weglaufen, um eingefangen zu werden

Unbeschwertheit - Vertrauen baut Luftbrücken
Möwen fliegen Loopings mit Verzückungsschrei
Schiffe sind über die Toppen geflaggt

alles stimmt
Herzen fotografieren mit Makroeinstellung
sehen nur noch den anderen

Übermut gegen angepasstes Einerlei

Kinder loben
selbst verschenken, mutig toben
Schiffe versenken
albern sein

Übermut tut selten gut
ha, das wird doch weggelacht
Übermut ist Grundnahrungsmittel
gegen angepasstes Einerlei

Lasst uns
Farbe bekennen, Liebe benennen
nicht nur mit dem Mund
lasst uns an Taten messen

stolzes Getue
aber dann
am schwachen Menschen schwächeln
peinlich

die ganze Bandbreite

vorbei das Schubladendenken
stoß mir selbst die Schultern
wenn man mich in solche steckt

die Schublade mit dem Schild: „der Erfolgreiche"
fliegt raus – denn auch du
kennst das Versagen

die ganze Bandbreite in dir sehen
wo du heute ängstlich bist
kämpft an anderer Stelle dein Mut wie ein Löwe

auch wenn du unglaublich stark daher kommst
möchte ich erkennen
wo du Schutz brauchst

ich weiß, dass es so ist – erfahre es an mir selbst
freue mich rappelig
wenn du es in mir erkennst

Stille enthält alles – auch uns

mich hinein gelegt
in deine behutsamen Hände
angekommen

ehrfürchtig
die Stille enthält alles
auch uns

Urknall
explodierende Lebenskraft
Geburt einer neuen Welt

Sonnenglut
die Pforte des verwilderten Gartens
ist angelehnt
Picknickkoffer in der Hand

das Karussell
dreht das Uhrwerk der Gefühle
übermütiges Gelächter

jenes erste zarte Hoffen

ich liebe jenes erste zarte Hoffen, Bangen, Sehnen
nichts ist ausgesprochen
alles ist möglich

Antennen auf Empfang
Augen funkeln
dem Glück den Weg

Knistern in der Luft
Funken sprühen
bei leichter Berührung

nicht nur beim neuen Partner
auch bei den anderen
Wundern des Lebens

Muscheln erzählen vom Sommer

immer schon geliebt
Muscheln am Strand
Kostbarkeiten

in der Hosentasche sind alle gleich
erst der liebevolle Betrachter
bestaunt den Unterschied

Charaktere wie wir
Persönlichkeiten
Designerstücke im Flagshipstore

so kostbar, dass ich sie dir schenken möchte
sie wissen alles – kennen Sommer und Urgewalt
tanzen mit Gezeiten

Muschel-Gedanken in Sand geschrieben
Sorglosigkeit
faules Sonnengeblinzel, übermütiges Lachen
den ganzen Winter lang - für dich

Musik

alles gern genommen
alles zu seiner Zeit
alles fast immer

Musik von Rock bis Bach
umschlingt mich wie Vanillesoße
tropft ungefiltert mitten ins Sein

Squash-Bällen gleich springt Adrenalin ins Blut
lässt Beine zappeln
Gedanken können Wolken küssen

beim Joggen kann sie Strecke machen
Seelenschmerz schmilzt wie
Schokolade auf der Zunge
bei Dankbarkeit macht sie den Himmel weit

es gibt Klänge mit Cello und so
die bringen mich ohne Grund zum Weinen
lösen Schleusen in mir, die verhärtet sind

Töne bringen etwas zum Klingen
wie alte Glocken im Turm
alles bebt

schicken mich in Erinnerungswelten
haben sich damals verknüpft mit diesen Melodien
nehmen mich wieder an die Hand

manchmal müssen Bässe dröhnen
jede Körperzelle tanzt
manchmal hat Stille die schönsten Töne

Maskenball

mutig sein
ohne Maske laufen
zeigen wie's uns wirklich geht

sich verletzbar machen
schauen, was passiert
ob mehr Nähe möglich ist

selber
hinter Masken schauen
zweimal fragen

hinter Masken ist das wahre Leben
wohnen Sorgen und Angst
sie aushalten beim anderen – klar können wir das

hinter Masken
versteckt sich auch Erfolg und Glück
möchten bescheiden sein

hinter Masken
wird es spannend
brauchen wir wirklich den Schutz

die Insel

sie freut sich rappelig, wenn wir kommen
das Watt kontrollieren
die Priele zählen

Robben klatschen Beifall
Lachmöwen stehen auf einem Bein
beim berühmten Wettlach-Contest - so viel ist möglich

es gilt zu klären
welche Wattwürmer Hut-Träger sind
ob Schwertmuscheln weiterhin friedlich sind

Inventarliste der Wasser-Glitzerkringel erneuern
Gezeiten der Puls der Erde - wundervoll
sollten wir auch Blutdruck messen

ach ja, das alles geht auch in der Stadt
Sonnenkringelzählen, Spatzenkonzert veranstalten
Pfannekuchenhochwerf-Wettbewerb
ist alles möglich - hier, jetzt

frei sein total – wovon wofür warum

Freiheit - her damit, dickes Geld, auf Arbeit pfeifen
Leichtigkeit trällert aus dem Koffer
Verantwortung zerschreddert der Wind

Feuerwerk
ist schnell verzischt
und dann.......

Nachbarn wollen auch die Freiheit
deren Bässe knallen durch die Nacht
galt Freiheit etwa auch für die

Freiheitsbedürfnis der Midlife-Crisis
vermeintlich unbelastet neu starten
vor mir selbst weglaufen - amüsiert sich der Hohn

muss Freiheit nicht von innen kommen
frei sein von
Verletzung, Abhängigkeit, unerfüllter Sehnsucht

frei sein von eigener Schuld
ups - wie soll das denn gehen
mir selbst verzeihen – bin nicht perfekt - wunderbar

stürz mich völlig frei hinein
in die Unfreiheit der Liebe
sie fesselt das Herz – doch verleiht Flügel

an mich selber glauben

Kühnheit leben - an Wunder glauben
oft erlebt - nie richtig benannt
sie versteckt hinter Glück oder Zufall

kleinkariert – wer nur akzeptiert
was der Verstand erkennt – Quatschkram
spannend ist was dahinter passiert

raus in andere Galaxien - eigenem Wertemaßstab treu
es wenigstens probieren
kein späteres: hätt ich doch...

Wunder brauchen den geschärften Sinn
über Gräben springen – im eigenen Kopf
Zäune, Grenzen sprengen - das Herz mitnehmen

scheitere nicht
weil außerhalb meiner Möglichkeiten
scheitere, weil gar nicht erst versucht
grenz mich selber ein - glaub nicht an mich

da muss Kühnheit ran - Mut untern Arm geklemmt
Geschenke garantiert:
unglaubliches Glücksgefühl

warum eigentlich nicht - was hab ich zu verlieren
im eigenen Leben gilt nun mal:
wenn nicht ich, wer dann

ein Hoch auf Fehler

Fehler sollten uns auf
Diskriminierung verklagen
wir haben ihren Ruf verdorben

sind völlig verklemmt
aus Angst, wir könnten Fehler machen
werden kleinkariert und angepasst

Fehler müssen zur Ordensverleihung
hab so viel aus ihnen gelernt
dass ich beschloss, weiter welche zu machen

dass Fehler peinlich sind
gehört ins Freudenfeuer
Fehler zugeben macht liebenswert

Erfinder brauchen Fehler - nennen es Entwicklung
für den Arktisforscher ist es die Erkenntnis
dass der Weg nicht zum Ziel führt

wer definiert Fehler
doch wieder wir selbst
halten uns selbst im Würgegriff

zusammenrotten -
'ne Bürgerbewegung zur Fehler-Befreiung ausrufen
wir rauben sonst der Wirtschaft das Potential

Lasst unsere Kinder Fehler machen
sie wissen wie's geht
probieren einfach aus – bewerten nicht

steck meinen Claim ab

bin's so leid
auf diesen letzten Rest zu hoffen
der zum Glück noch fehlt

bin doch kein Esel, dem man die Möhre vor die
Nase bindet
er erreicht sie nie, das arme Vieh
egal wie schnell er läuft

stell jetzt den Fuß drauf – auf mein Glück
steck meinen Claim ab
schaue, ob dieses Glück nicht reicht zum
Glücklichsein

sehe was
was du nicht siehst
was ich vorher auch nie sah

vorbei gehetzt am kleinen Glück
Augen auf Ziel gestellt
das große zu finden – wie blöd kann man sein

hatte vorher nix
nicht das große
nicht das kleine Glück

jetzt reich beschenkt - zum Glück
die Welt ist plötzlich kunterbunt
quietschvergnügt dankbar – Gänseblümchen
hinterm Ohr

heute ist so ein Tag

manchmal spür ich sie
die Kraft und Energie
die Arbeit mir gibt

bin so gut drauf
fetz die Projekte nur so vom Tisch
tanz durch die Arbeit wie Korken auf Wasser

mit dieser Energie
gelingt mir fast alles
mit leichter Hand

gebe dem Heute die Chance so ein Tag zu sein
geh davon aus, dass es passiert
lass Probleme in meinem Strahlen verglühn

bin die Sahnehaube auf dem Kakao

Fliegender Teppich

Träume wollen Wolken küssen
Glück sehnt sich nach Purzelbaum
Gänseblümchen tanzen zwischen Zehen

Zukunft heißt Vertrauen
Vergangenheit heißt Dankbarkeit
Jetzt prickelt auf der Haut
ist Lebensfreude pur

Einsamkeit brennt Lack ab
bis zum ehrlichen Holz
eins sein mit Gott und der Welt

bin ganz ich
Visionen wachsen Flügel alles ist möglich
Halleluja jubelt schallend durchs Weltall Danke

vom Sommer

lass uns vom Sommer reden in grauen Tagen
wie die Maus Frederic
Geschichten erzählen von Wärme und Nähe

weißt du noch wie der Sommer riecht
wenn Hitze über Stoppelfeldern flirrt
Rasen frisch gemäht wurde

weißt du noch wie die Erde dampft
nach dem Gewitterregen wenn die Sonne sich
auch vom Krawall am Himmel nicht vertreiben lässt

hörst du noch das Vogelkonzert
früh morgens in den Bäumen
wenn Vogelkehlen fattern, dass man meint
sie brauchen Rachengold

riechst du noch den Überschwang von Lavendel
wenn er ganz ungefragt
mit seinem Duft betört

ja, lass uns vom Sommer träumen in grauen Tagen
wir haben ihn in uns - gespeichert
und er kommt wieder – ganz gewiss

gemeinsam innig schweigen

am offenen Kamin
gehüllt in wärmendes
Schweigen

Gedanken sprechen das aus
was nicht gesagt werden muss
Verbundenheit

jeder in seiner Welt
irgendwie eins
reden findet auf anderer Ebene statt

schweigen
bis alles
gesagt ist